FIREPROOF

PROTEGE TU MATRIMONIO

GUÍA DEL PARTICIPANTE

OUTRE*CH®

Autora: Jennifer Dion
Diseño de cubierta e interior: Alex Rozga
Impreso en los Estados Unidos de América
Printed in the United States of America

Introducción

En la película FIREPROOF, el capitán Caleb Holt vive según el viejo adagio de los bomberos: "Nunca abandones a tu compañero". Su instinto natural es combatir el fuego. Pero combatir entre las moribundas brasas de su matrimonio, es otra historia. Para Caleb y su esposa Catherine las discusiones regulares en cuanto a trabajo, finanzas y malos hábitos les han llevado al punto de decir: "Esto simplemente ya no funciona". Mientras la pareja se prepara para entablar el divorcio, el papá de Caleb le pide a su hijo que pruebe un experimento llamado: El reto a amar. Pero, ¿puede Caleb intentar amar a su esposa y a la vez evadir el amor de Dios por él?

"Nunca abandones a tu compañero."

– Caleb Holt,
en FIREPROOF

Este estudio de seis semanas para grupos pequeños, está basado en la película FIREPROOF, e incluye segmentos de video de la película como parte de cada sesión. Esperamos que te identifiques y recibas inspiración de parte de Caleb y Catherine mientras ellos enfrentan las luchas comunes de todo matrimonio que quiere estar basado en el gran amor de Dios.

En *Fireproof Protege Tu Matrimonio* se te presentará también un reto: amar primero, amar mejor y amar para toda la vida. ¡Ven y acepta el reto!

CÓMO USAR ESTA GUÍA

El estudio *Fireproof Protege Tu Matrimonio* está organizado en secciones:

VIDEO *FIREPROOF*

El DVD *Fireproof Protege Tu Matrimonio* tiene segmentos de la película FIREPROOF para cada una de las seis sesiones. Cada video para una sesión dura de dos a cinco minutos.

 **DIÁLOGO**

Esta será la parte principal de la reunión de tu grupo cada semana. La primera parte del diálogo se basa en el video de FIREPROOF para la sesión. La segunda parte de la conversación incluye pasajes bíblicos que enseñan respecto a un tema relativo al segmento del video.

 ILUSTRACIÓN *FIREPROOF*

Cada sesión incluye estadísticas interesantes, un relato bíblico, investigación o un relato de la vida real como ilustración de la enseñanza de esa semana. Se puede leer la ilustración en voz alta durante la reunión del grupo, o leer la sección por cuenta propia, antes de la reunión. La Ilustración FIREPROOF provee una aplicación de la vida real, y ejemplos que te ayudarán a comprender y aplicar cada lección.

 APLICACIÓN PARA EL FORTALECIMIENTO MATRIMONIAL

Cada semana utiliza la sección de *Aplicación Para el Fortalecimiento Matrimonial*:

- Para crecimiento personal
- Como tiempo de conversación con su cónyuge, para edificar y fortalecer tu matrimonio.

La *Aplicación Para el Fortalecimiento Matrimonial* se divide en tres secciones:

1. **Fortalecimiento Matrimonial para Mujeres**
2. **Fortalecimiento Matrimonial para Hombres**
3. **Fortalecimiento Matrimonial para Parejas**

Usa las secciones de *Fortalecimiento Matrimonial para Hombres, o para Mujeres* para tu propia reflexión y crecimiento personal. Usa la sección de *Fortalecimiento Matrimonial para Parejas* para comunicarte y conversar con tu cónyuge en privado, separando tiempo cada semana para orar y hablar sobre las preguntas.

> **SUGERENCIA:** Si estás estudiando *Fireproof Protege Tu Matrimonio* en un grupo pequeño, lee la *Aplicación para el Fortalecimiento Matrimonial* lo más pronto posible después de la reunión del grupo. Leer esta sección a principios de la semana te dará tiempo suficiente para empezar a usar el versículo o versículos y responder al reto de la semana.

Al realizar la *Aplicación para Fortalecimiento Matrimonial*:

- Considera con toda franqueza tus propias acciones y palabras; ¿cómo puedes asumir la responsabilidad de tu papel para hacer de tu matrimonio uno "a prueba de incendios"?
- Habla abiertamente con tu cónyuge de tus sentimientos y necesidades.
- Escoje tus palabras con cuidado con un deseo de amar, respetar y animar a tu cónyuge. Estas secciones de aplicación reforzarán la enseñanza de la semana y pueden ser una herramienta poderosa para indicar áreas que necesitan atenderse y para abrir la comunicación.

Estas secciones de aplicación reforzarán la enseñanza de la semana y pueden ser una herramienta poderosa para revelar verdad y abrir la comunicación.

HORARIO SEMANAL PARA GRUPOS PEQUEÑOS

Si escoges estudiar *Fireproof Protege Tu Matrimonio* en un grupo pequeño, te reunirás con tu grupo una vez a la semana; y luego completarás en casa la sección de *Aplicación para el Fortalecimiento Matrimonial*. La sección de *Fortalecimiento Matrimonial para Hombres, o para Mujeres,* debe tomar unos 30 minutos, y la sección para parejas otros 30 a 45 minutos.

Puedes acordar tener una "Noche de salida" con tu cónyuge como parte del plan.

PAUTAS PARA GRUPOS PEQUEÑOS

Los grupos pequeños pueden ejercer un impacto enorme conforme se cultivan amistades, se adquiere respaldo y estímulo, y se tiene un grupo íntimo de personas que exigen cuentas mientras trabajas en tu matrimonio. Las pautas que siguen te ayudarán a ti y a los demás miembros del grupo a beneficiarse del tiempo que pasan juntos.

Confidencialidad: Recuerda que todo lo que se dice en el grupo pequeño se debe considerar de carácter confidencial. Esto protege a tu grupo como un lugar de respaldo y de aceptación para sus miembros. A menos que se te dé permiso, no cuentes nada de la conversación a personas que no sean del grupo pequeño.

Apertura: Haz lo mejor que pueda para ser abierto y sincero durante el diálogo. Tu transparencia animará a otros a hacer lo mismo.

Respeto: Recuerda que cada persona tiene el derecho a su propia opinión. Se anima a que se haga toda pregunta, y se las respeta. Escucha con atención a otros sin interrumpir, y sé lento para juzgar. Ten cuidado con las frases que empiezan con: "Tú debes…" o, "Lo que tienes que hacer es…", y no dés consejo a menos que se te solicite específicamente.

Respeta la privacidad de tu cónyuge: Durante el diálogo del grupo proteje con todo cuidado la privacidad y sentimientos de tu cónyuge. Usa el diálogo para trabajar contigo mismo y tu relación personal con Dios. Si algún asunto sensible tiene que ver con tu cónyuge, y hablar al respecto abochornaría o le restaría valor a ojos del grupo, guarda ese asunto para el tiempo de *Fortalecimiento Matrimonial para Parejas* más adelante en la semana.

Prioridad: Dale prioridad en tu calendario a esta reunión. Si no va a poder asistir, o a va a llegar atrasado, llama al líder del grupo.

Preparación: Prepárate para la lección cada semana y ven listo a participar.

Participación: Participa en el diálogo, pero mantén tus respuestas breves como para que otros también puedan decir las suyas.

Franqueza: Siéntete en libertad en cualquier momento de dar sugerencias al líder sobre cómo mejorar el estudio.

Respeto: Recuerda que cada persona tiene el derecho a su propia opinión. Se anima a que se hagan preguntas, y se las respeta. Escucha con atención a otros sin interrumpir.

Respaldo: Respalda activamente la misión y valores del estudio y sigue las direcciones que le da el líder. Abstente del chisme y la crítica; si tienes preocupaciones o preguntas respecto a los puntos de vista o declaraciones de algún miembro, comunicate de manera directa con esa persona.

"Y Dios creó al ser humano a su imagen;
lo creó a imagen de Dios.
Hombre y mujer los creó."

– GÉNESIS 1:27

SESIÓN 1:
De Hombres y Mujeres

Comience con oracíon.

LA PREGUNTA CANDENTE

¿Cómo cumplimos en nuestro matrimonio los papeles que nos dio Dios?

Regla de Intervención para Proteger Tu Matrimonio: Recuerda que el objetivo de estas sesiones es fortalecer tu matrimonio y animar a tu cónyuge. Si están haciendo este estudio en un grupo pequeño, responde a las preguntas de diálogo con sinceridad pero con todo cuidado protege los sentimientos de tu cónyuge; no digas nada que pudiera abochornarlo u ofenderlo. Guarda los pensamientos y sentimientos privados para las conversaciones de *Fortalecimiento Matrimonial para Parejas* con tu cónyuge. Tu consideración fomentará un ambiente seguro para el diálogo y el crecimiento.

CALENTAMIENTO

Usa esta sección si estás siguiendo el estudio *Fireproof Protege Tu Matrimonio* en un grupo pequeño.

PREGUNTA ROMPEHIELOS: ¿Cómo conociste a tu, cónyuge, y qué fue lo primero que te atrajo de él, o ella?

Díle al grupo tu respuesta.

> *"A veces me pregunto si los hombres y las mujeres en realidad se convienen el uno al otro. Tal vez deberían vivir en casas aledañas y simplemente visitarse de cuando en cuando."*
>
> – KATHARINE HEPBURN

VIDEO *FIREPROOF*

Vea el segmento de la **SESIÓN 1** del DVD *Fireproof Protege Tu Matrimonio.*

DIÁLOGO

PREGUNTA 1: Caleb dice que Catherine "no le _____." ¿Qué palabra usa él? Según tu modo de pensar, ¿qué emociones está sintiendo él en ese momento?

_____

_____

_____

_____

_____

PREGUNTA 2: Catherine tiene algunas quejas en cuanto a Caleb. ¿Cuáles son algunas de las cosas que ella dice que él no hace? Según tu modo de pensar, ¿por qué esas cosas son importantes para ella?

_____

_____

_____

_____

_____

PREGUNTA 3: Caleb sospecha que su esposa se reúne con amigas y "hace que yo me vea como criminal." ¿Cómo se siente Caleb de que Catherine se queje de él ante otros?

_____

_____

_____

_____

_____

ILUSTRACIÓN *FIREPROOF*

Lee la siguiente sección bien sea en silencio por cuenta propia al prepararte para la sesión semanal, o en voz alta durante el tiempo de diálogo con su grupo pequeño o cónyuge. La *Ilustración Fireproof* para cada sesión incluye una aplicación o ejemplo de la vida real que te ayudará a entender y aplicar cada lección.

Los chistes en cuanto a las diferencias entre hombres y mujeres son eternos y casi infinitos en número. Los cuentan en fiestas, mientras se toma café, y se leen y vuelven a enviar como correos electrónicos a amigos y compañeros de trabajo. Considera el chiste que sigue.

Los hombres son simplemente más felices porque...
- *Conservan su apellido.*
- *La cochera es su propiedad exclusiva.*
- *Los mecánicos de coches les dicen la verdad.*
- *El vestido de la novia cuesta: $5,000, mientras que la renta del esmoquin cuesta $100.*
- *Las conversaciones telefónicas se acaban en 30 segundos exactos.*
- *Tres pares de zapatos son más que suficiente.*
- *Uno puede "arreglarse" las uñas con una navaja de bolsillo.*

Nos reímos por los chistes y bromas, pero, ¿cuánto de verdad tienen? ¿Son en verdad los hombres y mujeres así de diferentes? Una encuesta en internet preguntó a las personas qué pensaban de esas diferencias. Mira cómo contestarías la pregunta real de la encuesta que sigue:

Indica tu nivel de acuerdo con esta declaración: "Los hombres y las mujeres son TAN diferentes".
- ❏ *¡Sí, mundos aparte!*
- ❏ *En realidad no; todo es exageración.*
- ❏ *Nunca estoy seguro.*

> *"No hay cerebro unisex. Las muchachas llegan ya alambradas como muchachas, y los muchachos llegan ya alambrados como muchachos. Sus cerebros son diferentes en el momento que nacen."*
>
> – DR. LOUANN BRIZENDINE, UCSF MEDICAL SCHOOL [1]

En los resultados de la encuesta real el 70 por ciento seleccionó: "¡Sí, mundos aparte!" El dieciocho por ciento escogió: "En realidad no, todo es exageración"; y el 12 por ciento seleccionó: "Nunca estoy seguro".[2]

---

[1] Walt and Barb Larrimore, *His Brain, Her Brain* (Grand Rapids, MI: Zondervan, 2008), 30. [2] Ibid, 29.

 DIÁLOGO

 En un grupo o con tu cónyuge, lean Génesis 1:27 y Génesis 5:2.

PREGUNTA 4: Estos versículos indican que Dios deliberadamente hizo diferentes a los dos sexos. Según tu modo de pensar, ¿por qué Dios escogió hacer eso?

_____

_____

_____

_____

PREGUNTA 5: Si estás estudiando _Fireproof Protege Tu Matrimonio_ en un grupo pequeño, pide que los hombres del grupo digan una cosa en particular que les gusta de las mujeres. Pide que las mujeres digan una cosa que les gusta de los hombres. Si están estudiando _Fireproof Protege Tu Matrimonio_ como pareja, díle a tu cónyuge lo que le gusta del sexo opuesto.

_____

_____

_____

_____

 Lee en Efesios 5:21-33.

PREGUNTA 6: En este pasaje, el versículo 25 da instrucciones a los esposos, y el versículo 33 da instrucciones a las esposas. ¿Qué palabra caracteriza la forma en que el esposo debe tratar a la esposa? ¿Qué palabra describe cómo la esposa debe tratar a su esposo?

_____

_____

_____

_____

PREGUNTA 7: El pasaje afirma que Dios nos creó como hombres y mujeres; dos creaciones diferentes. Como nuestro Creador él entiende con claridad cómo los sexos son diferentes y cuáles son nuestras necesidades. Según tu modo de pensar, ¿cuán de cerca las órdenes de Dios encajan en las necesidades De Hombres y Mujeres? Explica tu respuesta.

_____

_____

_____

_____

_____

Lee Salmo 139:13-16.

PREGUNTA 8: ¿Qué dice este pasaje en cuanto al conocimiento que Dios tiene de nosotros?

_____

_____

_____

_____

Una encuesta le preguntó a los hombres que, si tuvieran la opción, cómo preferirían sentirse: "solos y que no se les quiere", o "inadecuados y sin el debido respeto". Los resultados de la encuesta se muestran a continuación.

"Solos y Que no se les Quiere"   **76%**

"Inadecuados y sin el Debido Respeto"   **24%**

Además, la queja clave que dieron los que respondieron fue que las opciones no eran diferentes; ¡los hombres piensan que la falta de respeto es lo mismo que la falta de cariño!

PREGUNTA 9: ¿Estás de acuerdo con los resultados de la encuesta? ¿Te sorprenden? ¿Por qué sí o por qué no?

_____

_____

_____

PREGUNTAS CANDENTES PARA HOMBRES Y MUJERES

Lee y responde a las preguntas de la sección que sigue y que se aplican a tu caso. Cuando todos hayan terminado, digan sus respuestas.

PREGUNTAS PARA MUJERES

A: Lee las citas que siguen. Marca el recuadro de las que harían que te sintieras más querida, si te las dijera tu esposo. ¿Por qué?

❏ *"Suena como que has tenido un día terrible. ¿Te gustaría hablar al respecto? ¿Qué sucedió?"*

❏ *"Me gusta ese nuevo corte de pelo. Hace que te veas muy linda."*

❏ *(En respuesta a que tu lo llamas al trabajo, con tono muy alterado y pidiendo hablar con él). "Tengo gente en mi oficina, pero quiero saber qué te pasa. Espera un momento, y voy a un lugar en donde podamos hablar en privado".*

❏ *"Esas cajas son en realidad pesadas. Espera, yo te las muevo".*

B: Lee las citas que siguen. Esta vez, marca las que harían que te sintieras menos querida. ¿Por qué?

❏ *"Sé que tu cumpleaños es mañana, pero he estado muy ocupado. Mira, puedes llevarte la tarjeta de crédito y gastarte unos 50 pesos en lo que quieras".*

❏ *"Oí que la esposa de Juan asistió a una nueva clase de gimnasia y perdió cinco kilos. ¿Por qué no lo averiguas? A lo mejor hace que te sientas mejor respecto a ti misma".*

❏ *"¿Cuándo vas a limpiar esta casa? Es un desastre".*

❏ *"¿No puedes ver que estoy viendo el partido? Siempre quieres hablar de algo cuando estoy tratando de descansar".*

PREGUNTAS PARA HOMBRES

A. Lee las citas que siguen. Marca el recuadro de las que harían que te sintieras más respetado, si te las dijera tu esposa. ¿Por qué?

❑ *"Parece que el abrepuertas de la cochera no está funcionando correctamente, y sé que tú entiendes mejor las cosas mecánicas. ¿Podrías echarle un vistazo?"*

❑ *"Mi esposo llevó a los chicos al parque ayer para darme un descanso. El es bueno para darme esos recesos que necesito".*

❑ *"Qué bueno que te aumentaron el sueldo. Te lo has ganado".*

❑ *"Estoy teniendo dificultades con un compañero de trabajo; él ha estado indisponiéndome ante mi jefe. ¿Qué piensas que debería hacer yo?"*

B: Lee las citas que siguen. Esta vez, marca las que más harían que te sintieras que se te respeta menos. ¿Por qué?

❑ *"Tú no eres de los que saben arreglar las cosas; ¿no piensas que mejor deberías llamar a alguien para que repare eso?"*

❑ *"¿Cuándo vas a empezar a ser responsable y dejar de pasar tanto tiempo en ese sueño de empezar tu propia empresa?"*

❑ *"Anoche le llevó a mi esposo tres horas entender cómo hacer que funcione el nuevo computador. Las cosas técnicas no son su punto fuerte."*

❑ *"¿Cuándo vas a empezar a ganar algo más de dinero? Necesitamos más ingresos para poder pagar todas esas cuentas."*

DIÁLOGO

PREGUNTA 10: Hombres: Digan algunos comentarios generales en cuanto a cómo ven el "respeto". ¿Por qué es el respeto un asunto tan esencial?

_____

_____

_____

_____

PREGUNTA 11: Mujeres: Digan algunos comentarios generales en cuanto a cómo sienten el amor. ¿Por qué es tan importante la conexión emocional y la comprensión?

_____

_____

_____

_____

Lee Proverbios 15:1 y Efesios 4:29.

PREGUNTA 12: ¿Qué enseñan estos pasajes en cuanto a la importancia de la comunicación y el usar nuestras palabras para "edificar" a nuestro cónyuge?

_____

_____

_____

_____

Concluyan en oración.

APLICACIÓN
EL FORTALECIMIENTO MATRIMONIAL

 Regla de Intervención Protege Tu Matrimonio: Al luchar en la relación matrimonial podemos hallarnos echándonos la culpa el uno al otro de nuestras experiencias negativas. Al conversar, recuerda que la conducta que tu puedes cambiar más efectivamente es la tuya propia. Jesús dijo: *"¿Por qué te fijas en la astilla que tiene tu hermano en el ojo y no le das importancia a la viga que tienes en el tuyo? ¿Cómo puedes decirle a tu hermano: "Hermano, déjame sacarte la astilla del ojo", cuando tú mismo no te das cuenta de la viga en el tuyo?"* – LUCAS 6:41-42

Resiste el impulso de acusar al otro. Concéntrate en hallar y corregir tus propios defectos para que puedas llegar a ser más semejante a Cristo; esto disipará la ira y amainará el conflicto.

FORTALECIMIENTO
MATRIMONIAL PARA MUJERES

Lee 1 Pedro 3:1-9.

PREGUNTA 1: Considera los comentarios de Caleb en cuanto a la falta de respeto de parte de Catherine. ¿Ves algunas similitudes con tu matrimonio? Explica.

_____

_____

_____

_____

PREGUNTA 2: Considera las respuestas de tu esposo a las preguntas en cuanto a cómo él siente el respeto. ¿Qué aprendiste en cuanto a los sentimientos y necesidades de él?

_____

_____

_____

Lee Efesios 4:2-9.

En la escala que sigue marca cuán frecuentemente usas palabras que "edifican" o respaldan a tu esposo.

Muy Pocas Veces	Pocas Veces	Neutral	A Veces	Muchas Veces

PREGUNTA 3: ¿De qué maneras específicas vas a limitar tus "palabras descomedidas" y más bien a "edificar" a tu esposo? Comprométete a dar esos pasos esta semana.

_____

_____

_____

RETO DE FORTALECIMIENTO MATRIMONIAL PARA LA SEMANA
Enfoca una manera en que tu cónyuge se siente respetado
Comprométete a implementarla esta semana de una manera práctica.

FORTALECIMIENTO MATRIMONIAL PARA HOMBRES

 Lee 1 Pedro 3:7-9.

PREGUNTA 1: Piensa en algunas de las inconformidades que Catherine tiene con su esposo Caleb. ¿Ves algunas similitudes en tu matrimonio? Explica.

_____

_____

_____

PREGUNTA 2: Considera las respuestas de tu esposa a las preguntas en cuanto a sentirse querida. ¿Qué aprendiste en cuanto a los sentimientos y necesidades de ella?

_____

_____

_____

_____

Lee Santiago 1:19

En una escala de 1 a 5 (con 1 siendo lo más bajo y 5 lo más alto) marca cuán bien y cuán a menudo piensas que escuchas a tu esposa.

1   **2**   **3**   **4**   **5**

PREGUNTA 3: ¿Cuáles son algunas maneras específicas en que podrías llegar a ser un mejor oyente? Comprométete a dar esos pasos esta semana.

_____

_____

_____

_____

_____

RETO DE FORTALECIMIENTO MATRIMONIAL PARA LA SEMANA
Concéntrate en identificar una manera en que tu esposa se pueda sentir querida. Comprométete a implementarla esta semana de una manera práctica.

 FORTALECIMIENTO
MATRIMONIAL PARA PAREJAS

Empiecen con oración su tiempo juntos, pidiéndole a Dios que les dé sabiduría así como también un corazón y una mente receptivos.

 Lean Efesios 5:21-33.

PREGUNTA 1: ¿Qué frases o ideas fueron importantes para cada uno? Expliquen.

_____

_____

_____

_____

_____

PREGUNTA 2: Compartan las respuestas a las secciones De Hombres y Mujeres en cuanto al respeto y al amor. ¿Te sorprende alguna de las respuestas de tu cónyuge? Hagan preguntas; aclaren cualquier pregunta que tengan sobre este tópico.

_____

_____

_____

_____

_____

PREGUNTA 3: Hombres: Digan unas cuantas maneras en que sus esposas puedan mostrarles mejor respeto.

_____

_____

_____

_____

_____

PREGUNTA 4: Mujeres: Digan unas cuantas maneras en que sus esposos puedan mostrarles mejor amor y comprensión.

_____

_____

_____

_____

_____

PREGUNTA 5: Túrnense para señalar una cualidad que aprecian de manera especial el uno del otro.

_____

_____

_____

_____

_____

Concluyan con oración.

"Nosotros amamos porque él nos amó primero."

— 1 JUAN 4:19, DHH.

SESIÓN 2:
Él Nos Amó Primero

Comiencen con oración.

 LA PREGUNTA CANDENTE

¿Conoces el amor de Dios?
¿Reflejas ese amor a tu cónyuge?

 VIDEO *FIREPROOF*

Vea el segmento de la **SESIÓN 2** del DVD *Fireproof Protege Tu Matrimonio.*

 DIÁLOGO

PREGUNTA 1: Cuando la conversación empieza, Caleb habla con su padre sobre su relación con Catherine y cómo ella está respondiendo a *(El Desafio Del Amor)*. ¿Qué emociones muestra en su expresión facial y sus palabras? Comenten en tu grupo por qué Caleb se siente así.

_____
_____
_____
_____
_____

PREGUNTA 2: Piensa en una ocasión cuando trataste de mostrarle amor a alguien, y esa persona no respondió como tu querías. ¿Cómo se sentiste? ¿De qué maneras te identificas con Caleb en esta escena?

_____

_____

_____

_____

_____

_____

"¿Cómo se supone que debo mostrar amor a alguien que constantemente me rechaza?"
– CALEB HOLT

"Tú no puedes amarla, porque no puedes darle lo que no tienes".
– JOHN HOLT

PREGUNTA 3: Según tu manera de pensar, ¿quién es más importante para Caleb: él mismo o su esposa? ¿Qué dice él que le lleva a esa conclusión?

_____

_____

_____

_____

_____

PREGUNTA 4: Cuando Caleb le pregunta a su padre: "¿Cómo se supone que debo mostrar amor a alguien que constantemente me rechaza?" su padre dirige los ojos de Caleb a la cruz. ¿Qué es lo que John Holt implica? ¿De qué manera el punto se aplica a Caleb?

_____

_____

_____

_____

_____

ILUSTRACÍON *FIREPROOF*

Lee la siguiente sección bien sea en silencio por cuenta propia al prepararte para la sesión semanal, o en voz alta durante el tiempo de diálogo con tu grupo pequeño o cónyuge.

UN AMOR IMPOSIBLE

Era una escena tomada directamente de una película romántica. Una joven y hermosa bailarina méxico-estadounidense salió de la piscina del hotel, con sus rasgos exóticos y cuerpo curvilíneo captando la mirada de Michael Franzese, un poderoso hombre de negocios de 32 años que estaba sentado junto a la piscina. Años después él describió su reacción: "En ese momento sentí una sensación extraña en mi pecho que me nubló los sentidos. Esta mujer literalmente me había quitado el aliento." En apariencia, el romance no parecía muy improbable, pero lo que Camila García, de 19 años, no sabía, era que Michael era un miembro de la mafia.

MICHAEL Y CAMILA
FRANZESE

"Uno solo puede ser vencido, pero dos pueden resistir. ¡La cuerda de tres hilos no se rompe fácilmente!

– ECLESIASTÉS 4:12

Michael se crió como hijo de Sonny Franzese, el notorio subjefe de la violenta y temida familia criminal Colombo de Nueva York. Inteligente y ambicioso, Michael prestó el juramento de sangre que le ataba de por vida a la mafia y empezó una carrera meteórica en el crimen organizado. Pronto fue nombrado capo (jefe) de la familia, pero ni siquiera ese título captaba su poder e influencia. Mencionado a veces como el "príncipe de la mafia", Franzese en su punto más afluente generaba entre $5 y $8 millones de dólares por semana, en negocios legales e ilegales. Catorce agencias de la ley invirtieron dinero en crear un equipo especializado con un solo objetivo: derribar al sofisticado joven mafioso.

Pero ese encuentro junto a la piscina inició un amor que lo cambió todo. Y el amor que creció entre Michael y Camila no fue sólo el romántico. La fascinación de Michael por Camila también le atrajo a la fuerte fe que ella tenía en Jesús. En 1985 se casaron y Michael hizo dos votos: uno a Camila y el otro un voto valiente de abandonar la mafia. Poco después oyó el mensaje del amor de Dios que le ofrecía perdón y redención, y Michael tomó la decisión de seguir a Cristo.

[1] Michael Franzese, *Blood Covenant* (New Kensington, PA: Whitaker House, 2003), 180.

La relación personal que pudiera haber parecido imposible—la inocente adolescente cristiana y el poderoso mafioso—creció hasta convertirse en un sólido matrimonio centrado en Dios. Con el tiempo el matrimonio enfrentó pruebas que hubieran destruido a otras parejas: los años que Michael pasó en la cárcel, la familia y amigos de Camila que la aconsejaban que lo dejara, e incluso las amenazas contra la vida de Michael por romper su juramento de sangre con la mafia de Nueva York. Frente al peligro y la duda, los dos se amaron, y el matrimonio se mantuvo firme.

Hoy Michael es un autor y conferencista cristiano que cuenta su inspiradora experiencia en iglesias, ministerios de prisiones y ministerios juveniles así como en organizaciones deportivas como la NBA y otras. Con su esposa Camila tienen cuatro hijos, la pareja es activa en su iglesia y otros ministerios cristianos.

> Lee más de la experiencia de Michael en su biografía *Blood Covenant* en *The Good, the Bad and the Forgiven*, disponible en Outreach Publishing.

 ## DIÁLOGO

 Lee Romanos 5:5 y 1 Juan 4:19.

PREGUNTA 5: ¿Qué enseñan estos versículos en cuanto a cómo y por qué somos capaces de amar?

_____

_____

_____

_____

_____

 Lee Filipenses 2:1-4.

PREGUNTA 6: Los versículos 1 y 2 de este pasaje se muestran a continuación. Los dos versículos contienen una declaración condicional que empieza con un "si" y continúa con algunos resultados de esa declaración condicional. Lea los versículos prestando toda la atención. ¿Qué condiciones van ligadas a la palabra "si"? ¿Qué dice este pasaje que necesitamos tener a fin de poder amar a otros? En particular, ¿qué recibimos cuando estamos unidos a Cristo? ¿Qué necesitamos del Espíritu Santo?

"Por tanto, *si* sienten algún estímulo en su unión con Cristo, algún consuelo en su amor, algún compañerismo en el Espíritu, algún afecto entrañable, llénenme de alegría teniendo un mismo parecer, un mismo amor, unidos en alma y pensamiento". (NIV)

_____

_____

_____

_____

_____

PREGUNTA 7: ¿De qué manera la conducta de Caleb en el video está en contraste con los versículos 3 y 4 de este pasaje?

_____

_____

_____

_____

_____

PREGUNTA 8: Piensa en la respuesta que John Holt le da a su hijo: "Tú no puedes amarla porque no puedes darle lo que no tienes". ¿De qué manera el punto de John se alinea con este pasaje? ¿Qué condición o condiciones "si" son las que más necesita Caleb en su vida a fin de amar a su esposa?

_____

_____

_____

_____

_____

PREGUNTA 9: Piensa en tu matrimonio (o en alguna otra relación personal significativa en tu vida). ¿Hasta qué punto tratas de manejar la relación personal usando tu propia sabiduría y capacidades? ¿Cuál es el resultado?

_____

_____

_____

_____

_____

Lee 1 Juan 4:7-19.

PREGUNTA 10: Este pasaje bíblico explica cómo el amor de Dios por nosotros obra en nuestras vidas. Al leer estos versículos, ¿qué frases o ideas te impactan en particular?

_____

_____

_____

_____

_____

PREGUNTA 11: ¿Qué dice el versículo 13 que Dios nos ha dado para capacitarnos para "permanecer en él"? Menciona algunos ejemplos prácticos de tu vida en cuanto a cómo sabes que Dios permanece en ti.

_____

_____

_____

_____

_____

Concluyan con oración.

FORTALECIMIENTO
MATRIMONIAL PARA MUJERES

Lee Juan 3:16.

PREGUNTA 1: En el video de esta semana notamos que a Caleb le falta la Fuente de amor real en su vida. La base para este amor se describe en el versículo más famoso de la Biblia: Juan 3:16. ¿Cómo contestarías a la pregunta candente de esta semana: "¿Conoces tú el amor de Dios, y cómo reflejas ese amor a tu cónyuge?"

_____

_____

_____

_____

_____

Lee 1 Juan 4:18.

PREGUNTA 2: El amor de Dios por nosotros y en nosotros es perfecto. Al leer este versículo, ¿hay algo que te limite para amar completa y e incondicionalmente a tu esposo? ¿En cuanto a amar a Dios? Identifica cualquier temor que tengas, y pide en oración ayuda a Dios para "echar fuera el temor" con su amor.

_____

_____

_____

_____

PREGUNTA 3: Esta semana el grupo habló a amar por medio de Dios, a diferencia de tratar de amar usando nuestra propia fuerza y capacidad. A continuación hay varias maneras en las que usted puede amar a su esposo por medio de Dios. Califícate en cada pregunta.

¿Cuán a menudo estudias la palabra de Dios en cuanto al amor y al matrimonio, y usas esa sabiduría para guiarte?

Muy Pocas Veces	Pocas Veces	Neutral	A Veces	Muchas Veces

Cuando luchas por amar a tu esposo, ¿cuántas veces oras pidiendo a Dios estímulo, fuerza y dirección?

Muy Pocas Veces	Pocas Veces	Neutral	A Veces	Muchas Veces

¿ Cuántas veces le pides ayuda a Dios para ver y amar a tu esposo de la manera en que Dios lo ama?

Muy Pocas Veces	Pocas Veces	Neutral	A Veces	Muchas Veces

¿Cuán a menudo oras por tu esposo?

Muy Pocas Veces	Pocas Veces	Neutral	A Veces	Muchas Veces

RETO DE FORTALECIMIENTO MATRIMONIAL PARA LA SEMANA

Hay dos opciones para el *Reto de Fortalecimiento Matrimonial* de esta semana.

OPCIÓN 1: Si todavía no has entablado una relación personal con Dios, házlo ahora; entonces podrás usar el gran amor de Dios para tener un matrimonio duradero. El amor de Dios no requiere perfección o pasos complicados. Aunque el pecado nos separa de Dios, Dios ha abierto un camino para nosotros. Jesús vino para cerrar la brecha entre un Dios perfecto y una humanidad imperfecta. Como la Biblia lo dice:

"Si confiesas con tu boca que Jesús es el Señor, y crees en tu corazón que Dios lo levantó de entre los muertos, serás salvo."
– ROMANOS 10:9.

Eso es todo lo que se necesita: Simplemente reconocer tus pecados, tu necesidad del amor de Dios y el sacrificio que Jesús hizo por ti. Si lo haces con un corazón sincero y abierto, esta confesión traerá a tu alma la presencia de Dios y vida eterna con tu Creador.

Si quieres recibir está dádiva del amor de Dios, simplemente eleva una oración como esta:

Querido Jesús: No sé por qué me amaste tanto que estuviste dispuesto a sufrir una muerte terrible por mí. Sé que lo hiciste para que mis pecados pudieran ser perdonados y yo pudiera entrar en una relación personal con Dios. Sé que he pecado contra ti y que mis pecados me separan de ti. Me arrepiento sinceramente; por favor, perdóname. Ayúdame a evitar la tentación y el pecado. Gracias por amarme y morir por mí. Hoy te ofrezco y te entrego las riendas de mi vida, Jesús. Gracias por tu sacrificio, y por permitirme conocer tu amor perfecto. Amén.

Si hiciste esta oración, cuéntaselo a tu esposo (y al grupo, si estás estudiando *Fireproof Protege Tu Matrimonio* en un grupo pequeño).

OPCIÓN 2: Si ya tienes una relación personal con Cristo, entonces ya conoces el amor de Cristo y del Espíritu Santo para ayudarte a amar a tu esposo.

Mira tus respuestas en la pregunta 3. Selecciona la pregunta de calificación más baja, y el resto de la semana concéntrate en las mejoras que puedes hacer al aspecto. Ora por tu esposa y por los aspectos en los cuales tú puedes mejorar la relación.

FORTALECIMIENTO MATRIMONIAL PARA HOMBRES

 Lee Juan 3:16.

PREGUNTA 1: En el video de esta semana notamos que a Caleb le falta la Fuente de amor real en su vida. La base para este amor se describe en el versículo más famoso de la Biblia: Juan 3:16. ¿Cómo contestarías a la pregunta candente de esta semana: "¿Conoces tú el amor de Dios, y cómo reflejas ese amor a tu cónyuge?"

_____

_____

_____

 Lee 1 Juan 4:18.

PREGUNTA 2: El amor de Dios por nosotros y en nosotros es perfecto. Al leer este versículo, ¿hay algo que te limite para amar completa y e incondicionalmente a tu esposa? ¿En cuanto a amar a Dios? Identifica cualquier temor que tengas, y pide en oración ayuda a Dios para "echar fuera el temor" con su amor.

_____

_____

_____

_____

_____

PREGUNTA 3: Esta semana el grupo habló de amar por medio de Dios, a diferencia de tratar de amar usando nuestra propia fuerza y capacidad. A continuación hay varias preguntas sobre amar a tu esposa por medio de Dios. Califícate en cada pregunta.

¿Cuán a menudo estudias la palabra de Dios en cuanto al amor y al matrimonio, y usas esa sabiduría para guiarte?

Muy Pocas Veces	Pocas Veces	Neutral	A Veces	Muchas Veces

Cuando luchas por amar a tu esposa, ¿cuántas veces oras pidiendo a Dios estímulo, fuerza y dirección?

Muy Pocas Veces	Pocas Veces	Neutral	A Veces	Muchas Veces

¿Cuántas veces le pides ayuda a Dios para ver y amar a tu esposa de la manera en que Dios la ama?

Muy Pocas Veces	Pocas Veces	Neutral	A Veces	Muchas Veces

¿Cuán a menudo oras por tu esposa?

Muy Pocas Veces	Pocas Veces	Neutral	A Veces	Muchas Veces

RETO DE FORTALECIMIENTO MATRIMONIAL PARA LA SEMANA

Hay dos opciones para el *Reto de Fortalecimiento Matrimonial* de esta semana.

OPCIÓN 1: Si todavía no has entablado una relación personal con Dios, házlo ahora; entonces podrás usar el gran amor de Dios para tener un matrimonio duradero. El amor de Dios no requiere perfección o pasos complicados. Aunque el pecado nos separa de Dios, Dios ha abierto un camino para nosotros. Jesús vino para cerrar la brecha entre un Dios perfecto y una humanidad imperfecta. Como la Biblia lo dice:

"Si confiesas con tu boca que Jesús es el Señor, y crees en tu corazón que Dios lo levantó de entre los muertos, serás salvo." – ROMANOS 10:9

Eso es todo lo que se necesita: Simplemente reconocer tus pecados, tu necesidad del amor de Dios y el sacrificio que Jesús hizo por ti. Si lo haces con un corazón sincero y abierto, esta confesión traerá a tu alma la presencia de Dios y vida eterna con tu Creador.

Si quieres recibir está dádiva del amor de Dios, simplemente eleva una oración como esta:

Querido Jesús: *No sé por qué me amaste tanto que estuviste dispuesto a sufrir una muerte terrible por mí. Sé que lo hiciste para que mis pecados pudieran ser perdonados y yo pudiera entrar en una relación personal con Dios. Sé que he pecado contra ti y que mis pecados me separan de ti. Me arrepiento sinceramente; por favor, perdóname. Ayúdame a evitar la tentación y el pecado al seguirte. Gracias por amarme y morir por mí. Hoy te ofrezco y te entrego las riendas de mi vida, Jesús. Gracias por tu sacrificio, y por permitirme conocer tu amor perfecto. Amén.*

Si hiciste esta oración, cuéntaselo a tu esposa (y al grupo, si estás estudiando *Fireproof Protege Tu Matrimonio* en un grupo pequeño).

OPCIÓN 2: Si ya tienes una relación personal con Cristo, entonces ya conoces el amor de Cristo y del Espíritu Santo para ayudarte a amar a tu esposa.

Mira tus respuestas en la pregunta 3. Selecciona la pregunta de calificación más baja, y el resto de la semana concéntrate en las mejoras que puedes hacer al aspecto. Ora por tu esposa y por los aspectos en los cuales tú puedes mejorar la relación.

FORTALECIMIENTO
MATRIMONIAL PARA PAREJAS

Empiecen su tiempo juntos con oración, pidiéndole a Dios que les dé sabiduría así como también un corazón y una mente receptivos

 Lean juntos 1 Juan 4:7-19.

PREGUNTA 1: ¿De qué maneras siguen ustedes las enseñanzas de este pasaje con su respectivo cónyuge? ¿De qué maneras luchan por amarse el uno al otro como Dios los amó primero?

_____

_____

_____

_____

PREGUNTA 2: Repasen las calificaciones a la pregunta 3 de la sección de *Fortalecimiento Matrimonial para Mujeres*, y para *Hombres*. Hablen sobre las razones para cada una de esas respuestas, y cómo pudieran mejorar cualquier calificación baja.

_____

_____

_____

_____

PREGUNTA 3: Menciona un paso que estás dando (de la sección de *Reto Para el Fortalecimiento Matrimonial*) para amarse mejor el uno al otro. Si tomaste la decisión de recibir el amor de Dios por su Hijo Jesucristo, dále la noticia a tu cónyuge.

_____

_____

_____

_____

Concluyan con oración.

"*Por eso dejará el hombre a su padre y a su madre,*
y se unirá a su esposa, y los dos llegarán a ser un solo cuerpo"?
Así que ya no son dos, sino uno solo. Por tanto, lo que Dios
ha unido, que no lo separe el hombre."

– MATEO 19:5-6

SESIÓN 3:
Amor Para Toda La Vida

Comiencen con oración.

 LA PREGUNTA CANDENTE

¿Entiendes la naturaleza del "pacto" de los votos matrimoniales?

 VIDEO *FIREPROOF*

Vea el segmento de la **SESIÓN 3** del DVD *Fireproof Protege Tu Matrimonio.*

 DIÁLOGO

PREGUNTA 1: ¿Qué diferencias observas en la forma en que Caleb y Michael ven los votos matrimoniales?:

_____

_____

_____

_____

_____

"Catherine y yo estábamos enamorados cuando nos casamos. Pero hoy somos dos personas muy diferentes. Simplemente esto ya no funciona."

– CALEB HOLT
EN *FIREPROOF*

PREGUNTA 2: Las emociones que rodean a un matrimonio difícil pueden ser muy fuertes; los cónyuges a veces racionalizan y defienden una mala decisión. Mientras Caleb habla con Michael, ¿cómo explica él el inminente divorcio? Anota las razones que da.

_____

_____

_____

_____

PREGUNTA 3: Michael le dice a Caleb: "Te he visto entrar corriendo en un edificio incendiado para salvar a gente que ni siquiera conoces, pero vas a permitir que tu propio matrimonio se reduzca a cenizas". Según tu manera de pensar, ¿por qué algunos resuelven sus problemas matrimoniales pero otros no?

_____

_____

_____

_____

_____

 ILUSTRACIÓN *FIREPROOF*

 Lee la siguiente sección bien sea en silencio por cuenta propia al prepararte para la sesión semanal, o en voz alta durante el tiempo de diálogo con tu grupo pequeño o cónyuge.

PARA BIEN O PARA MAL

"Más valen dos que uno." – ECLESIASTÉS 4:9

Hace mucho tiempo el rey Salomón, de Israel, dejó para la posteridad tanto sabiduría como poesía sobre el tema del matrimonio. Todos entendemos que "más valen dos que uno" cuando anhelamos un buen amigo, alguien que nos quiera y que permanezca aliado con nosotros el resto de nuestra vida. Salomón captó de manera elocuente los sentimientos cuando mencionó a la esposa diciendo: "¡Tal es mi amado, tal es mi amigo" (Cantares 5:16). En el mismo libro de la Biblia Salomón invita también a su hermosa esposa: "Ven conmigo." Sus palabras frecuentemente se usan en las bodas porque podemos identificarnos con facilidad con el romance y el deseo de un "alma gemela."

La vasta mayoría de adultos hallan a alguien que llene su necesidad de un cónyuge y compañero; aproximadamente el 90 por ciento a la larga se casan. Desdichadamente, un promedio del 50 por ciento de todos los matrimonios acaban en divorcio. La mayoría de éstos terminan por "diferencias irreconciliables", que es una frase de cajón para la descripción que da Caleb: "Simplemente esto ya no funciona". Otras explicaciones comunes incluyen: "Ya no lo quiero", o "Ya no la quiero", o "Simplemente ahora ya somos dos personas diferentes".

En realidad, en toda relación personal hay días en que hay "diferencias irreconciliables." Pero la intención de Dios es que el matrimonio dure toda la vida. La lección de la sal y la pimienta presenta una gran verdad: el matrimonio es un *pacto*. El diccionario define "pacto" como un acuerdo solemne con validez legal. En nuestra cultura, sin embargo, a veces se trata el matrimonio más como un contrato de mitad y mitad: los cónyuges hacen su parte si piensan que el otro está haciendo la suya.

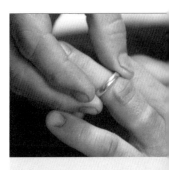

"¿Sabes lo que significa ese anillo en tu dedo? Significa que hiciste un pacto vitalicio; te pusiste ese anillo mientras decías tus votos. Lo triste es que cuando la mayoría de personas dicen: 'en las alegrías y en las penas,' en realidad sólo quieren decir 'en las alegrías'."

– MICHAEL SIMMONS EN *FIREPROOF*

DIÁLOGO

Lee Mateo 19:5-6.

PREGUNTA 4: ¿Qué palabra o frase usa Jesús para describir el matrimonio?

_____

_____

_____

_____

_____

PREGUNTA 5: Michael le advierte a Caleb que no separe el salero y el pimentero, diciendo que romperá uno o ambos. ¿Cuáles son algunas de las consecuencias del divorcio en la vida real?

_____

_____

_____

_____

_____

> _"Voto:_
> _una promesa, dedicación_
> _o consagración personal_
> _solemnes."_
>
> – DICTIONARY.COM
> (EN INGLÉS)

PREGUNTA 6: Jesús dice que el hombre no debe separar lo que Dios ha unido. En la película FIREPROOF algunas de las amigas de Catherine le echan a Caleb la culpa de los problemas en su matrimonio. Catherine también entabla estrecha amistad con un médico en el hospital en donde trabaja. Menciona algunas maneras en que las personas pueden "separar" (física, emocional, y espiritualmente) a una pareja casada.

_____

_____

_____

_____

_____

Lee Malaquías 2:14-16.

PREGUNTA 7: Este pasaje se refiere al divorcio como "traición". La versión Reina Valera usa la frase "contra la cual has sido desleal", que quiere decir que no se toma en serio los votos. ¿Qué dice esto en cuanto a cómo ve Dios el divorcio?

_____

_____

_____

_____

_____

PREGUNTA 8: El versículo 16 dice que Dios aborrece el divorcio. Según tu manera de pensar, ¿cuáles podrían ser algunas de las razones?

_____

_____

_____

_____

_____

PREGUNTA 9: Lee con cuidado el versículo 16. ¿Hay alguna distinción entre "Dios aborrece el divorcio" y "Dios aborrece a los que se divorcian?" Explica tu respuesta.

_____

_____

_____

_____

_____

Lee Eclesiastés 5:4-5.

PREGUNTA 10: ¿Que instrucción se da en este pasaje? ¿Cómo la aplicarías al matrimonio?

_____

_____

_____

_____

_____

PREGUNTA 11: ¿De qué manera este principio difiere de la noción del mundo en cuanto a una relación de pacto, en la cual ambas partes deben cumplir sus obligaciones?

_____

_____

_____

_____

Concluyan con oración.

APLICACIÓN PARA EL FORTALECIMIENTO MATRIMONIAL

FORTALECIMIENTO MATRIMONIAL PARA MUJERES

📖 **Lee de nuevo Eclesiastés 5:4-5.**

PREGUNTA 1: Cuando estabas recién casada, ¿cuán solemnes y permanentes considerabas tus votos? ¿Cuán plenamente entendiste la naturaleza del pacto? (Nota: si todavía eres soltera, responde esta pregunta a la luz de cómo ves tus futuros votos matrimoniales).

_____

_____

_____

_____

_____

PREGUNTA 2: A continuación se mencionan algunos votos matrimoniales tradicionales. Califícate cómo piensas que has guardado cada uno de los votos en tu matrimonio (con 1 siendo la calificación más baja y 10 la más alta). Si redactaste tus propios votos o usaste algo diferente, sustituye esos votos al responder a las preguntas. Si todavía eres soltera, califícate en cuanto a cuán bien entiendes y estás comprometida a esos votos.

Te recibo y me entrego a ti (¿cuán bien te has unido y te has entregado a tu esposo?)

1   2   3   4   5   6   7   8   9   10

En las alegrías y en las penas (¿cuán estable es la forma en que tratas a tu esposo, independientemente de las circunstancias?)

1   2   3   4   5   6   7   8   9   10

En pobreza o en riqueza (¿cuán bien resiste tu matrimonio a las presiones financieras?)

1   2   3   4   5   6   7   8   9   10

En salud o en enfermedad (¿afectan a tu matrimonio los problemas de salud?)

1   2   3   4   5   6   7   8   9   10

Para quererte y amarte (esto se refiere a tus logros con los principios indicados en Efesios 5, según la sesión previa).

1   2   3   4   5   6   7   8   9   10

Prometo serte fiel (¿eres fiel a tu esposo?)

1   2   3   4   5   6   7   8   9   10

Lee de nuevo Mateo 19:5-6.

PREGUNTA 3: ¿Hay algo o alguien que te "separa" de tu esposo? ¿Qué paso podrías dar esta semana para atender este asunto?

_____

_____

_____

_____

_____

RETO DE FORTALECIMIENTO MATRIMONIAL PARA LA SEMANA
Selecciona el voto en el cual te diste la calificación más baja. Identifica la razón o razones clave para esa calificación. ¿Qué podrías empezar a hacer para mejorar esa calificación? (Por ejemplo: expresar de una manera clara tu amor a tu esposo, resolver cuestiones financieras o entregárselas a Dios, ser completamente leal...). Anota un paso clave y empieza a practicarlo esta semana.

 Lee de nuevo Eclesiastés 5:4-5.

PREGUNTA 1: Cuando estabas recién casado, ¿cuán solemnes y permanentes considerabas tus votos? ¿Cuán plenamente entendiste la naturaleza del pacto? (Nota: si todavía eres soltero, responde esta pregunta a la luz de cómo ves tus futuros votos matrimoniales).

_____

_____

_____

_____

PREGUNTA 2: A continuación se mencionan algunos votos matrimoniales tradicionales. Califícate cómo piensas que has guardado cada uno de los votos en tu matrimonio (con 1 siendo la calificación más baja y 10 la más alta). Si redactaste tus propios votos o usaste algo diferente, sustituye esos votos al responder a las preguntas. Si todavía eres soltero, califícate en cuanto a cuán bien entiendes y estás comprometido a esos votos.

Te recibo y me entrego a ti (¿cuán bien te has unido y te has entregado a tu esposa?)

1	2	3	4	5	6	7	8	9	10

En las alegrías y en las penas (¿cuán estable es la forma en que tratas a tu esposa, independientemente de las circunstancias?)

1	2	3	4	5	6	7	8	9	10

En pobreza o en riqueza (¿cuán bien resiste tu matrimonio a las presiones financieras?)

1	2	3	4	5	6	7	8	9	10

En salud o en enfermedad (¿afectan a tu matrimonio los problemas de salud?)

1	2	3	4	5	6	7	8	9	10

Para quererte y amarte (esto se refiere a tus logros con los principios indicados en Efesios 5, según la sesión previa).

1	2	3	4	5	6	7	8	9	10

Prometo serte fiel (¿eres fiel a tu esposa?)

1	2	3	4	5	6	7	8	9	10

 Lee de nuevo Mateo 19:5-6.

PREGUNTA 3: ¿Hay algo o alguien que te "separa" de tu esposa? ¿Qué paso podrías dar esta semana para atender este asunto?

_____

_____

_____

_____

_____

RETO DE FORTALECIMIENTO MATRIMONIAL PARA LA SEMANA
Selecciona el voto en el cual te diste la calificación más baja. Identifica la razón o razones clave para esa calificación. ¿Qué podrías empezar a hacer para mejorar esa calificación? (Por ejemplo: expresar de una manera clara tu amor a tu esposa, resolver cuestiones financieras o entregárselas a Dios, ser completamente leal...). Anota un paso clave y empieza a practicarlo esta semana.

 FORTALECIMIENTO
MATRIMONIAL PARA PAREJAS

Empiecen su tiempo juntos con oración, pidiéndole a Dios que les dé sabiduría así como también una corazón y mente receptivos.

 Lean juntos Mateo 19:5-6.

PREGUNTA 1: Juntos anoten las maneras en las que piensan que han llegado a ser "un solo cuerpo". ¿De qué maneras sus vidas y corazones están entrelazados?

_____

_____

_____

_____

_____

PREGUNTA 2: Repasen sus respuestas a las calificaciones de los votos matrimoniales. ¿Te sorprende alguna de las respuestas de tu cónyuge? ¿Estás en desacuerdo con alguna de esas calificaciones? Hablen sobre las razones para cada calificación, afirmando las calificaciones altas y conversando en cuanto a cómo podrían mejorar las que son bajas.

_____

_____

_____

_____

PREGUNTA 3: Menciona el paso que vas a dar (de la sección de _Reto de Fortalecimiento Matrimonial_) para cumplir mejor tus votos matrimoniales.

_____

_____

_____

RETO DE FORTALECIMIENTO MATRIMONIAL PARA LA SEMANA
Esta semana hay un _Reto Especial de Fortalecimiento Matrimonial_; está diseñado para que lo realicen como pareja.

Consideren renovar sus votos mutuamente. Pueden hacerlo en privado, en una ceremonia con otras parejas de su grupo, o incluso en una ceremonia mayor auspiciada por la iglesia. Pueden también escribir sus propios votos para que les ayuden a captar lo que se comprometen el uno al otro por el resto de sus vidas.

Concluyan con oración.

*"Ustedes no han sufrido ninguna tentación
que no sea común al género humano. Pero Dios es fiel,
y no permitirá que ustedes sean tentados más allá de lo
que puedan aguantar. Más bien, cuando llegue la tentación,
él les dará también una salida a fin de que puedan resistir."*

– 1 CORINTIOS 10:13

SESIÓN 4:
Cómo Liberarse

Comiencen con oración.

 ## LA PREGUNTA CANDENTE

¿Están las tentaciones o adicciones amenazando tu matrimonio?

 ## VIDEO *FIREPROOF*

Vea el segmento de la **SESIÓN 4** del DVD *Fireproof Protege Tu Matrimonio.*

 ## DIÁLOGO

Hablar de los temas de la tentación y adicción puede ser incómodo y difícil. Para esta semana recomendamos que se dividan en dos grupos separados: los hombres en un grupo, y las mujeres en otro. Los grupos del mismo sexo estimulan el diálogo franco y fomentan una atmósfera más cómoda para la conversación sobre temas difíciles.

"Así que sométanse a Dios. Resistan al diablo, y él huirá de ustedes."

– SANTIAGO 4:7

Regla de Intervención a Prueba de Incendios: La sección de *Cómo Usar Esta Guía* incluye algunas pautas sugeridas para grupos pequeños. Al realizar este diálogo recuerda guardar en confidencia todo lo que oyes. También, trata a otros con bondad y respeto, y no dés consejo que no se te solicite en forma específica.

Si un asunto sensible tiene que ver con tu cónyuge, y hablar al respecto lo abochornaría o denigraría a ojos del grupo, guarda ese tema para el tiempo de *Fortalecimiento Matrimonial para Parejas* más adelante en la semana.

Lee la sección de *Como Usar Esta Guía* si tienes preguntas en cuanto a cómo participar mejor en el diálogo.

PREGUNTA 1: Tan pronto como Caleb tomó la decisión de seguir a Dios y restaurar su matrimonio, se vio confrontado con la tentación. ¿Has hallado también ese problema en tu vida? ¿Aparece la tentación a veces inesperadamente? Explica y dá ejemplos.

_____

_____

_____

_____

_____

PREGUNTA 2: En esta escena Caleb se aleja del computador y toma el libro (*El Desafio de Amor*). ¿De qué manera la lección del libro te anima a resistir la tentación? ¿Qué fue específicamente útil?

_____

_____

_____

_____

_____

ILUSTRACIÓN *FIREPROOF*

 Lee la siguiente sección bien sea en silencio por cuenta propia al prepararte para la sesión semanal, o en voz alta durante el tiempo de diálogo con tu grupo pequeño o cónyuge.

PARÁSITOS

En el segmento del video Caleb lee esta lección de *(El Reto de Amar)*.

> *"Cuidado con los parásitos. Un parásito es todo lo que se puede pegar a tu vida o a la de tu cónyuge y drena la vida de tu matrimonio. Normalmente son formas de adicciones como apuestas, drogas o pornografía. Prometen placer pero crecen como una enfermedad y consumen más y más los pensamientos, el tiempo y el dinero. Le roban a tus seres queridos tu lealtad y tu corazón. Los matrimonios rara vez sobreviven si hay parásitos presentes.*
>
> *Si amas a tu cónyuge, debes destruir toda adicción que tengas en tu corazón. Si no lo haces, esa adicción te destruirá".*

Hay muchos "parásitos" que pueden amenazar y a la larga destruir los matrimonios. Considera la siguiente lista:

- **Adulterio**
- **Pornografía**
- **Alcoholismo**
- **Desórdenes Alimenticios**
- **Gula**
- **Adicción a las Drogas**
- **Adicción a internet**
- **Apuestas**

LA PORNOGRAFÍA EN CIFRAS:

Ingresos mundiales de la industria de pornografía en el 2006	US$97 billones
Número promedio de visitantes por mes en sitios web para adultos (en todo el mundo)	72 millones
Porcentaje de hombres de 18 a 34 años que visitan un sitio pornográfico en un mes típico.	Más del 70%
Porcentaje de pornografía en la internet que incluye a niños	20%
Divorcios en los cuales la pornografía virtual fue un factor	Más del 50%
Porcentaje de familias que dicen que la pornografía es un problema en su hogar	47%
Edad promedio del primer encuentro con la pornografía en internet	11 años
Porcentaje de niños de 8 a 16 años que han visto pornografía en internet (en la mayoría de los casos sin intención, mientras hacían sus tareas escolares)	90%

La Biblia dice esto en cuanto a la tentación, el pecado y las consecuencias:

> "Que nadie, al ser tentado, diga: 'Es Dios quien me tienta.' Porque Dios no puede ser tentado por el mal, ni tampoco tienta él a nadie. Todo lo contrario, cada uno es tentado cuando sus propios malos deseos lo arrastran y seducen. Luego, cuando el deseo ha concebido, engendra el pecado; y el pecado, una vez que ha sido consumado, da a luz la muerte." – SANTIAGO 1:13-15

La tentación sigue un proceso como el siguiente:

Las consecuencias incluyen sentimientos de culpabilidad, relaciones personales dañadas o destruidas, pérdida financiera, divorcio y pérdida de nuestra reputación, hogar, trabajo o amigos. Dios no quiere que caigamos irremediablemente víctimas de la tentación. Lee lo que el apóstol Pablo escribió en su carta los romanos:

> "Así que descubro esta ley: que cuando quiero hacer el bien, me acompaña el mal. Porque en lo íntimo de mi ser me deleito en la ley de Dios; pero me doy cuenta de que en los miembros de mi cuerpo hay otra ley, que es la ley del pecado. Esta ley lucha contra la ley de mi mente, y me tiene cautivo. ¡Soy un pobre miserable! ¿Quién me librará de este cuerpo mortal? ¡Gracias a Dios por medio de Jesucristo nuestro Señor!" – ROMANOS 7:21-25

Pablo expresa con elocuencia nuestro dilema: queremos obedecer a Dios, y sin embargo luchamos con la tentación y el pecado. Este pasaje también destaca la solución final: ¡Victoria y salvación por Jesucristo! Dios tiene un plan para fortalecernos y rescatarnos del pecado y la muerte.

DIÁLOGO

 Lee 1 Pedro 5:8-9.

PREGUNTA 3: ¿Qué dicen estos versículos en cuanto a la probabilidad de que enfrentaremos tentaciones?

_____

_____

_____

_____

PREGUNTA 4: De acuerdo a este pasaje bíblico, ¿cómo debemos protegernos contra la tentación y el pecado?

_____

_____

_____

_____

Lee Mateo 5:27-30.

PREGUNTA 5: ¿Que dice Jesús en cuanto a nuestras acciones, pensamientos y corazón? ¿Cómo se aplica este pasaje al ejemplo del segmento de video de esta semana, en cuando a Caleb esta siendo tentado por la pornografía?

_____

_____

_____

_____

Lee 1 Corintios 6:18-20 y 2 Timoteo 2:22.

PREGUNTA 6: Ya hemos considerado la importancia de eliminar de nuestras vidas la fuente de la tentación. Estos pasajes sugieren otro método para lidiar con la tentación: ¿cuál es? Dá algunos ejemplos prácticos de "huir" de la inmoralidad.

PREGUNTA 7: ¿Bajo cuáles condiciones sería más eficaz eliminar la tentación? ¿Cuándo sería mejor eliminarla por ti mismo?

_____

_____

_____

_____

Lee Salmos 119:9-11.

PREGUNTA 8: ¿De qué manera estudiar la Biblia encaja en una estrategia para resistir el pecado?

_____

_____

_____

_____

Lee Hebreos 4:15.

PREGUNTA 9: ¿Por qué Jesús puede comprender las tentaciones que enfrentamos? ¿Te consuela esto en tu lucha? ¿Por qué sí o por qué no? ¿Qué ejemplo nos provee de Jesús?

_____

_____

_____

_____

Lee 1 Corintios 10:13.

PREGUNTA 10: En este versículo, ¿qué promete Dios hacer respecto a la tentación? ¿Cómo puedes usar esta promesa para ayudarte cuando eres tentado?

_____

_____

_____

_____

_____

Lee 1 Juan 1:9.

PREGUNTA 11: Cuando "confesamos", concordamos con Dios respecto a nuestros pensamientos y conducta. ¿Qué promete hacer Dios cuando confesamos nuestro pecado?

_____

_____

_____

_____

_____

Lee Santiago 5:16.

PREGUNTA 12: Cuando nos reunimos como iglesia de Cristo, recibimos fuerza y estímulo los unos de los otros. ¿Qué enseña este pasaje también en cuanto al efecto de confesarnos unos a otros? ¿Cómo nos ayuda esto a resistir la tentación y alejarnos del pecado?

_____

_____

_____

_____

_____

Concluyan con oración.

APLICACIÓN PARA EL FORTALECIMIENTO MATRIMONIAL

FORTALECIMIENTO MATRIMONIAL PARA MUJERES

 Lee Santiago 1:13-15.

PREGUNTA 1: ¿Cuál de las siguientes cosas te hallas haciendo tú misma en respuesta a la tentación?

❑ Racionalizando ("Es sólo esta vez", "Dios me perdonará", "Me merezco esto", o "Está bien que yo haga esto porque…").

❑ Escondiendo tu conducta.

❑ Sufriendo de culpabilidad.

❑ Alejándote de Dios.

 Lee Santiago 4:7.

PREGUNTA 2: Lee la lista que sigue. ¿Cuáles de estas cosas te ayudan particularmente a resistir la tentación? ¿Cuáles de ellas usas regularmente? Dá algunos ejemplos en donde sea apropiado.

❑ Leer la Biblia.

❑ Orar.

❑ Hablar con otra persona sobre el asunto.

❑ Confesárselo a Dios.

❑ Dejar el lugar en donde ocurrió la tentación.

❑ De inmediato dedicarse a otra actividad.

❑ Ir a un lugar para estar con otras personas.

❑ Ir a la iglesia o participar en una actividad de la iglesia.

❑ Otro: _____

Vuelve a Santiago 5:16.

PREGUNTA 3: Algunos "parásitos" son del tipo en que caemos una y otra vez. Este tipo de pecado o tentación puede exigir un grupo o compañera a quien rendirle cuentas: una persona o cuerpo de creyentes que pueden ayudarte a abandonar pensamientos o acciones de pecado persistentes. Puedes encontrar ayuda y fuerza en una amiga de confianza, en una asesora profesional o en un grupo u organización de apoyo. Si no tienes ya algo así en tu vida, pide a Dios en oración que te revele quién puede ser esa persona o grupo.

RETO DE FORTALECIMIENTO MATRIMONIAL PARA LA SEMANA
Asegúrate de estar en un lugar tranquilo y tener tiempo disponible para orar.

 Lee el Salmo 139:23-24.

En este pasaje el rey David ora a Dios pidiéndole que examine su corazón: "Fíjate si voy por mal camino". Eleva una oración similar, pidiéndole a Dios que examine tu corazón y tus caminos, y que te revele cualquier "parásito" o amenazas potenciales en tu matrimonio. Recuerda la definición de parásito de la porción de diálogo de esta sesión. Un parásito:

· Se apega a ti o a tu cónyuge.
· Le chupa la vida a tu matrimonio.
· Promete placer, pero crece como enfermedad.
· Consume más y más de tus pensamientos, tu tiempo y tu dinero.
· Les roba a sus seres queridos tu corazón.

Al orar, silencia tus pensamientos y escucha, permitiendo que tu corazón se abra a la respuesta de Dios. Considera con sinceridad lo que Dios trae a tu mente. Al darte cuenta de cualquier parásito en tu vida, dá estos pasos:

1. Confiesa el pecado a Dios.
2. Ora pidiendo sabiduría para resistir o huir de esa tentación. Mira la lista en la pregunta 2. ¿Hay algo en la lista que pudiera ayudarte en eso que estás haciendo en el presente? Esta semana dá un paso que te ayude a resistir una tentación específica.
3. Considera en oración confesarle tu pecado a tu esposo o a alguna amiga de confianza.

 Lee Santiago 1:13-15.

PREGUNTA 1: ¿Cuál de las siguientes cosas te hallas haciendo tú mismo en respuesta a la tentación?

❑ Racionalizando ("Es sólo esta vez", "Dios me perdonará", "Me merezco esto", o "Está bien que yo haga esto porque...").

❑ Escondiendo tu conducta.

❑ Sufriendo de culpabilidad.

❑ Alejándote de Dios.

 Lee Santiago 4:7.

PREGUNTA 2: Lee la lista que sigue. ¿Cuáles de estas cosas te ayudan particularmente a resistir la tentación? ¿Cuáles de ellas usas regularmente? Dá algunos ejemplos donde sea apropiado.

❑ Leer la Biblia.

❑ Orar.

❑ Hablar con otra persona sobre el asunto.

❑ Confesárselo a Dios.

❑ Dejar el lugar en donde ocurrió la tentación.

❑ De inmediato dedicarse a otra actividad.

❑ Ir a un lugar para estar con otras personas.

❑ Ir a la iglesia o participar en una actividad de la iglesia.

❑ Otro: _____

Vuelve a Santiago 5:16.

PREGUNTA 3: Algunos "parásitos" son del tipo en que caemos una y otra vez. Este tipo de pecado o tentación puede exigir un grupo o compañero a quien rendirle cuentas: una persona o cuerpo de creyentes que pueden ayudarte a abandonar pensamientos o acciones de pecado persistentes. Puedes encontrar ayuda y fuerza en un amigo de confianza, en un asesor profesional o en un grupo u organización de apoyo. Si no tienes ya algo así en tu vida, pide a Dios en oración que te revele quién puede ser esa persona o grupo.

RETO DE FORTALECIMIENTO MATRIMONIAL PARA LA SEMANA
Asegúrate de estar en un lugar tranquilo y tener tiempo disponible para orar.

 Lee Salmo 139:23-24.

En este pasaje el rey David ora a Dios pidiéndole que examine su corazón: *"Fíjate si voy por mal camino."* Eleva una oración similar, pidiéndole a Dios que examine tu corazón y tus caminos, y que te revele cualquier "parásito" o amenazas potenciales en tu matrimonio. Recuerda la definición de parásito de la porción de diálogo de esta sesión. Un parásito:

· Se apega a ti o a tu cónyuge.
· Le chupa la vida a tu matrimonio.
· Promete placer, pero crece como enfermedad.
· Consume más y más de tus pensamientos, tu tiempo y tu dinero.
· Les roba a sus seres queridos tu corazón.

Al orar, silencia tus pensamientos y escucha, permitiendo que tu corazón se abra a la respuesta de Dios. Considera con sinceridad lo que Dios trae a tu mente. Al darte cuenta de cualquier parásito en tu vida, dá estos pasos:

1. Confiesa el pecado a Dios.
2. Ora pidiendo sabiduría para resistir o huir de esa tentación. Mira la lista en la pregunta 2. ¿Hay algo en la lista que pudiera ayudarte en eso que estás haciendo en el presente? Esta semana dá un paso que te ayude a resistir una tentación específica.
3. Considera en oración confesarle tu pecado a tu esposa o a algún amigo de confianza.

FORTALECIMIENTO MATRIMONIAL PARA PAREJAS

Empiecen su tiempo juntos con oración, pidiéndole a Dios que les dé sabiduría así como también un corazón y una mente receptivos.

 Lean juntos Eclesiastés 4:9-12.

Consideren la enseñanza de este pasaje al trabajar en las próximas tres preguntas.

PREGUNTA 1: Digan las respuestas a la pregunta 1 de la sección *Fortalecimiento Matrimonial para Hombres y para Mujeres*. ¿De qué manera cada uno lucha con la tentación? ¿Hay maneras en que puedan animarse el uno al otro y proveer tanto comprensión como exigencia de cuentas?

_____

_____

_____

_____

PREGUNTA 2: Digan las respuestas a la pregunta 3 de la sección *Fortalecimiento Matrimonial para Hombres y para Mujeres*. Al revisar las maneras que les ayudan a resistir el pecado y la tentación, ¿hay algo que puedan hacer juntos? ¿Cómo puedes animar y fortalecer a tu cónyuge mientras él o ella sigue esos pasos?

_____

_____

_____

PREGUNTA 3: Digan cualquier noción que cada uno aprendió del *Fortalecimiento Matrimonial para Hombres y para Mujeres*. Según te sientas dirigido, confiésale a tu cónyuge cualquier pecado que Dios te haya revelado durante tu tiempo de oración. Díle a tu cónyuge el paso o pasos que vas a dar para resistir o huir de la tentación. Piensa en el pasaje de Eclesiastés; ¿cómo pueden "ayudarse el uno al otro a levantarse" y defenderse contra las artimañas de Satanás? ¿De qué manera Dios es el "tercer hilo" en el cordón fuerte de tu matrimonio?

_____

_____

_____

Concluyan con oración

*"Más bien, sean bondadosos y compasivos
unos con otros, y perdónense mutuamente, así como
Dios los perdonó a ustedes en Cristo."*

– EFESIOS 4:32

SESIÓN 5:
Perdón

Comiencen con oración.

 LA PREGUNTA CANDENTE

¿Está la falta de perdón estorbando tu relación personal con Dios o con tu cónyuge? ¿Hay algo por lo que necesites pedir perdón?

 VIDEO *FIREPROOF*

Vea el segmento de la **SESIÓN 5** del DVD *Fireproof Protege Tu Matrimonio*.

 DIÁLOGO

PREGUNTA 1: Al ver esta escena, ¿qué fue lo que más te impactó? ¿Por qué?

_____

_____

_____

_____

_____

Lee Colosenses 3:12-15.

PREGUNTA 2: Este pasaje provee sabiduría para desarrollar relaciones personales saludables. Haz una lista de algunas maneras en las cuales Caleb ilustró este pasaje. ¿De qué manera mostró él afecto entrañable, bondad, humildad, amabilidad, paciencia y un deseo de que haya paz?

_____

_____

_____

_____

 Lee Efesios 4:15.

PREGUNTA 3: ¿De qué manera Caleb le "confiesa" a Catherine y dice la verdad en cuanto a la forma en que la trató en el pasado? Según tu modo de pensar, si él hubiera sido menos abierto y sincero, ¿cómo habría cambiado eso el impacto de su petición de perdón?

_____

_____

_____

_____

_____

_____

"Estoy esperando, estoy orando, que de alguna manera puedas perdonarme tú también."

– CALEB HOLT,
EN *FIREPROOF*

 Lee Proverbios 15:1.

PREGUNTA 4: En escenas anteriores de FIREPROOF, Caleb se quejaba de Catherine y de como ella lo trataba. Al pedir perdón, él no trae a colación ninguna de las faltas de Catherine, ni la culpa a ella. ¿Por qué y cómo es esto significativo? ¿De qué maneras pudiera la reacción de ella haber sido diferente si él hubiera hecho eso?

_____

_____

_____

_____

_____

Lee Romanos 5:10, Lucas 23:33-34 y 1 Juan 1:8-9.

PREGUNTA 5: De acuerdo a estos versículos todos éramos pecadores e incluso "enemigos" de Dios antes de que él nos perdonara. En el pasaje de Lucas, Jesús perdona ¡mientras está siendo crucificado! Al pensar en tu propio pasado, tus pensamientos y acciones, ¿cuán grandemente te ha perdonado Dios?

_____

_____

_____

_____

_____

PREGUNTA 6: ¿Con cuánta disposición perdonas a otros? ¿Pones alguna condición para el perdón?

_____

_____

_____

_____

_____

Lee la siguiente sección bien sea en silencio por cuenta propia al prepararte para la sesión semanal, o en voz alta durante el tiempo de diálogo con tu grupo pequeño o cónyuge.

JOE Y ELISA RANGEL

"Dios ha transformado la trama de toda nuestra familia."

– JOE RANGEL

UN MATRIMONIO TRANSFORMADO

En el año 2000 Joe y Elisa celebraron su decimocuarto aniversario de bodas. En realidad, su matrimonio era todo menos una celebración. Joe había tenido una serie de enredos amorosos, y uno de ellos había durado cinco años. También había sucumbido a una adicción a la pornografía, incapaz de resistir el señuelo de sitios sexualmente explícitos en internet. Su único incentivo real para evitar el divorcio era el temor de perder sus posesiones materiales y con ello la estabilidad financiera.

Elisa, a su vez, vivía en su propia telaraña de mentiras y engaños. En su cólera y desesperanza, había desarrollado una adicción de $1,000 a la semana por drogas y cocaína; hábito que ella le escondía a Joe.

Ellos seguían coexistiendo simplemente como compañeros de habitación con hijos. Cada uno había traicionado la confianza del otro al más alto grado posible.

El retorno empezó cuando una vecina invitó a Elisa a un servicio en la iglesia y después a un retiro de mujeres, en el transcurso de un año, Elisa abandonó las drogas, siguió asistiendo a la iglesia local y se dedicó a Dios. Al final de ese tiempo ella abordó a Joe y le dijo: "Amo a alguien más que a ti, y esa persona es Jesucristo". Elisa le expresó a Joe que no tenía que tener temor por lo financiero, porque ella no pelearía para quitarle la casa o el dinero.

Joe relata lo que sucedió después: "La nueva actitud de Elisa empezó el proceso del perdón. Se lo confesé todo y luego le dije: 'Tal vez no puedas perdonarme'". La respuesta de Elisa fue clara: "No te perdoné debido a que te lo hayas ganado o a que lo merezcas. Te perdoné porque Dios me perdonó a mí". Joe le entregó su vida Cristo también, y junto con Elisa los dos decidieron honrar a Dios con su vida y su matrimonio.

La transformación de su matrimonio no fue fácil. Hubo ocasiones cuando conducían por un lugar en donde Joe había tenido un enredo amoroso y Elisa luchaba con sus emociones. "Ella tuvo que hurgar hondo", explica Joe. La conducta de él también había cambiado. "Ahora, si nos peleamos, yo no me 'escapó'. No hay puerta trasera para escapar de nuestro matrimonio; la hemos sellado. Yo honro a Elisa dándole gracias por ser una sombra de la gracia de Dios por nosotros".

Hoy Joe sirve a Dios tiempo completo en su trabajo y toca la guitarra en una banda de rock cristiano. Elisa pertenece al personal de la iglesia en donde conoció a Cristo. Ambos son activos en la iglesia, sirviendo de mentores para otras parejas y en el ministerio a matrimonios y familias.

DIÁLOGO

 Lee Mateo 5:23-24, Mateo 6:12-15 y Marcos 11:25-26.

PREGUNTA 7: Todos estos pasajes son la enseñanza de Jesús en cuanto al concepto del perdón. Al leerlos, ¿describen ellos el perdón apenas como un sentimiento o como algo que requiere una decisión deliberada? ¿Hay algo en estos tres pasajes que indique que el perdón también requiera acción?

_____

_____

_____

_____

PREGUNTA 8: Piense en una ocasión cuando perdonaste a alguien; ¿qué hizo? ¿De qué manera cambiaron sus sentimientos o acciones? Dediquen tiempo para conversar en cómo se ve el perdón en la vida diaria.

_____

_____

_____

_____

PREGUNTA 9: A leer estos versículos, ¿ves alguna consecuencia por la falta de perdón? ¿De qué manera la falta de perdón afecta tu relación personal con Dios?

_____

_____

_____

_____

_____

_____

Lee Filipenses 1:6.

PREGUNTA 10: Considera este versículo y cómo se aplica tanto a tu vida como a la de tu cónyuge. ¿Es tu responsabilidad hacer que tu cónyuge cambie, o es Dios capaz y está dispuesto a transformar a tu cónyuge? ¿Cómo puede esta promesa cambiar la forma en que tu tratas a tu esposa, o esposo?

_____

_____

_____

_____

_____

_____

APLICACIÓN PARA EL FORTALECIMIENTO MATRIMONIAL

FORTALECIMIENTO MATRIMONIAL PARA MUJERES

 Lee Mateo 18:21-35.

PREGUNTA 1: Cuando alguien a quien queremos profundamente peca contra nosotros, nos duele hondo. En ese tipo de situación, el perdón puede ser un proceso continuo. Incluso cuando perdonamos, los sentimientos de dolor y rabia pueden volver a aflorar a la superficie, especialmente si la conducta de pecado ocurre múltiples veces, o si encontramos algo que nos recuerde heridas viejas. (¿Recuerda el relato de Elisa y Joe, y la ocasión cuando Elisa condujo por un lugar en donde Joe había tenido un enredo amoroso?). ¿De qué manera se aplica la respuesta de Jesús de "setenta veces siete"? ¿Hay algo en tu matrimonio que tal vez haga que el perdón lleve tiempo o sea un proceso continuo?

_____

_____

_____

_____

_____

Vuelve a Filipenses 1:6.

PREGUNTA 2: ¿Hay alguna manera en la que estás tratando de obligar a tu esposo a cambiar, bien sea con sus acciones o palabras? ¿Esta actitud podría parecerle a tu esposo más una crítica que amor? Por lo menos por esta semana comprométete a orar por tu esposo y confiar en la capacidad de Dios para transformar a tu esposo. En particular ore por un defecto en su esposo que pudieras haber estado tratando de cambiar por tu propia cuenta.

_____

_____

_____

_____

PREGUNTA 3: Lee la lista que sigue. Según tu modo de ver, ¿cuáles de estas cosas describen lo que es el perdón y lo que el perdón hace? ¿Cuáles son a veces verdad en cuanto al perdón? ¿Cuáles no son verdad en cuanto al perdón? Llena la tabla que sigue, anotando cada asunto de la lista en la columna apropiada. Se muestra uno como ejemplo.

- Importante para reducir mi propio estrés y rabia
- Merecido
- Simplemente un sentimiento
- Requiere que la persona a la que perdono pida perdón
- Lo mismo que olvidar
- Un paso en el proceso de lograr sanidad
- Quiere decir que yo concuerdo con la conducta de la otra persona
- Requiere que yo confíe plenamente en la otra persona
- Minimiza la herida que he sufrido
- Una decisión deliberada
- Requiere que la otra persona me perdone igualmente
- Un proceso continuo
- Hecho en obediencia a Dios

El Perdón Es o Hace	El Perdón a Veces Es o Hace	El Perdón No Es o No Hace
Dios lo requiere		

RETO DE FORTALECIMIENTO MATRIMONIAL PARA LA SEMANA

RETO 1: Ora y pide a Dios que te revele cualquier cosa que tu hayas hecho para lastimar u ofender a tu esposo. Primero, pídele perdón a Dios. Luego, comprométete a pedirle perdón a tu esposo. Recuerda el ejemplo de Caleb en el segmento de video y pide perdón sin echarle la culpa a tu esposo ni disculpar lo que sucedió.

RETO 2: Ora y pide a Dios que te revele cualquier cosa que necesites perdonar. Dios te fortalecerá y dará sabiduría y estímulo; ora que Dios te respalde al perdonar cualquier herida profundamente arraigada. En oración considera cómo comunicar tu perdón a tu esposo.

FORTALECIMIENTO MATRIMONIAL PARA HOMBRES

 Lee Mateo 18:21-35.

PREGUNTA 1: Cuando alguien a quien queremos profundamente peca contra nosotros, nos duele hondo. En ese tipo de situación, el perdón puede ser un proceso continuo. Incluso cuando perdonamos, los sentimientos de dolor y rabia pueden volver a aflorar a la superficie, especialmente si la conducta de pecado ocurre múltiples veces, o si encontramos algo que nos recuerde heridas viejas. (¿Recuerda el relato de Elisa y Joe, y la ocasión cuando Elisa condujo por un lugar en donde Joe había tenido un enredo amoroso?). ¿De qué manera se aplica la respuesta de Jesús de "setenta veces siete"? ¿Hay algo en tu matrimonio que tal vez haga que el perdón lleve tiempo o sea un proceso continuo?

_____

_____

_____

_____

 **Vuelve a Filipenses 1:6.**

PREGUNTA 2: ¿Hay alguna manera en la que estás tratando de obligar a tu esposa a cambiar, bien sea con tus acciones o palabras? ¿Esta actitud podría parecerle a tu esposa más una crítica que amor? Por lo menos por esta semana comprométete a orar por tu esposa y confiar en la capacidad de Dios para transformar a tu esposa. En particular ore por un defecto en su esposa que pudieras haber estado tratando de cambiar por tu propia cuenta.

_____

_____

_____

_____

_____

PREGUNTA 3: Lee la lista que sigue. Según tu modo de ver, ¿cuáles de estas cosas describen lo que es el perdón y lo que el perdón hace? ¿Cuáles son a veces verdad en cuanto al perdón? ¿Cuáles no son verdad en cuanto al perdón? Llena la tabla que sigue, anotando cada asunto de la lista en la columna apropiada. Se muestra uno como ejemplo.

- Importante para reducir mi propio estrés y rabia
- Merecido
- Simplemente un sentimiento
- Requiere que la persona a la que perdono pida perdón
- Lo mismo que olvidar
- Un paso en el proceso de lograr sanidad
- Quiere decir que yo concuerdo con la conducta de la otra persona
- Requiere que yo confíe plenamente en la otra persona
- Minimiza la herida que he sufrido
- Una decisión deliberada
- Requiere que la otra persona me perdone igualmente
- Un proceso continuo
- Hecho en obediencia a Dios

El Perdón Es o Hace	El Perdón a Veces Es o Hace	El Perdón No Es o No Hace
Dios lo requiere		

RETO DE FORTALECIMIENTO MATRIMONIAL PARA LA SEMANA

RETO 1: Ora y pide a Dios que te revele cualquier cosa que tu hayas hecho para lastimar u ofender a tu esposa. Primero, pídele perdón a Dios. Luego, comprométete a pedirle perdón a tu esposa. Recuerda el ejemplo de Caleb en el segmento de video y pide perdón sin echarle la culpa a tu esposa ni disculpar lo que sucedió.

RETO 2: Ora y pide a Dios que te revele cualquier cosa que necesites perdonar. Dios te fortalecerá y dará sabiduría y estímulo; ora que Dios te respalde al perdonar cualquier herida profundamente arraigada. En oración considera cómo comunicar tu perdón a tu esposa.

FORTALECIMIENTO
MATRIMONIAL PARA PAREJAS

Empiecen su tiempo juntos con oración, pidiéndole a Dios que les dé sabiduría así como también un corazón y una mente receptivos.

PREGUNTA 1: Lean las respuestas a la pregunta 3 de la sección de *Fortalecimiento Matrimonial para Mujeres, y para Hombres.* Expliquen sus respuestas. ¿Cuál aspecto del perdón piensa que es el más fácil? ¿Cuál el más difícil?

_____

_____

_____

_____

_____

PREGUNTA 2: Dediquen tiempo para pedir disculpas y perdón, tal como se sugiere en la sección del *Reto para el Fortalecimiento Matrimonial.*

_____

_____

_____

_____

_____

PREGUNTA 3: Pregúntale a tu cónyuge: "¿Hay alguna manera en que te pueda amar mejor?" Házlo con corazón abierto, dándole oportunidad a tu cónyuge para contarte sus heridas y para que sugiera maneras en las cuales pueden mejorar tu relación personal.

_____

_____

_____

_____

_____

Concluyan con oración.

SESIÓN 6: **Una Mejor Manera De Amar**

"*El amor es paciente, es bondadoso. El amor no es envidioso ni jactancioso ni orgulloso. No se comporta con rudeza, no es egoísta, no se enoja fácilmente, no guarda rencor. El amor no se deleita en la maldad sino que se regocija con la verdad. Todo lo disculpa, todo lo cree, todo lo espera, todo lo soporta.*"

– 1 CORINTIOS 3:4-7

SESIÓN 6:
Una Mejor Manera De Amar

Comiencen con oración.

 ## LA PREGUNTA CANDENTE

¿Amas a tu cónyuge incondicionalmente?

 ## VIDEO *FIREPROOF*

Vea el segmento de video la **SESIÓN 6** del DVD *Fireproof Protege Tu Matrimonio*.

¡MOMENTO CLAVE! *El segmento del video para esta sesión contiene una escena clave del fin de la película. Si usted todavía no has visto la película FIREPROOF, pueden saltarse la porción de video de esta sesión, así como también las primeras cuatro preguntas de diálogo; pueden empezar con la pregunta 5. Vuelve a las preguntas 1 al 4 después de haber visto la película.*

 ## DIÁLOGO

PREGUNTA 1: En la primera escena se ve que Caleb ha ahorrado dinero para comprar un bote. ¿Cuánto dinero ha ahorrado para el bote? En la segunda escena Catherine halla que Caleb pagó $24,000 para "comprar equipo médico" para la madre de Catherine. ¿Por qué es significativa la cantidad de dinero? ¿Qué hizo específicamente Caleb?

_____

_____

_____

_____

Lee Filipenses 2:3-4.

PREGUNTA 2: ¿De qué manera las acciones de Caleb en la segunda escena se alinean con este versículo?

_____

_____

_____

_____

_____

PREGUNTA 3: En los días en que Caleb pagó por el equipo médico, Catherine todavía estaba planeando divorciarse. Así que había una posibilidad muy real de que Caleb gastara el dinero en el equipo y todavía acabara divorciándose de Catherine. Ponte en los zapatos de Caleb: ¿cuán difícil te habría sido tomar esa decisión? En tu propia vida, ¿has tomado alguna vez una decisión arriesgada debido al amor que tenías por alguien? Cuéntalo como parte de la conversación.

_____

_____

_____

_____

_____

"Sobre todo, ámense los unos a los otros profundamente, porque el amor cubre multitud de pecados."

– 1 PEDRO 4:08

PREGUNTA 4: Una de las preguntas de la sesión 2 fue: "Según tu modo de pensar, ¿quién es más importante para Caleb: él mismo o su esposa?". ¿Cómo respondiste a esa pregunta entonces? ¿Cómo la responderías ahora? Si piensas que Caleb cambió, ¿qué piensas que motivó el cambio?

_____

_____

_____

_____

_____

ILUSTRACIÓN *FIREPROOF*

 Lee la siguiente sección bien sea en silencio por cuenta propia al prepararte para la sesión semanal, o en voz alta durante el tiempo de diálogo con tu grupo pequeño o cónyuge.

POR EL AMOR A UN AMIGO

La Biblia tiene muchas historias de amor, incluyendo el amor dramático y sacrificial de Jesús que se describe en los Evangelios, El Antiguo Testamento tiene igualmente una asombrosa historia de amor incondicional, y ese amor existió entre dos amigos muy improbables.

Él era un príncipe de la nación de Israel, hijo mayor y heredero del primer rey ungido. Si Jonatán se parecía a la descripción que la Biblia da de su padre Saúl, entonces era alto y guapo. Con certeza hubiera satisfecho las expectativas de cualquiera en cuanto a un rey futuro. Era popular entre los israelitas, un poderoso guerrero, líder en los ejércitos de su padre, y conocido como el primero en ir a la batalla. En el relato de 1 Samuel 14, los israelitas se enfrentan una vez más con los filisteos. Jonatán se separa de la fuerza principal, confiando en que el Dios de sus padres lo guiará al atacar las líneas externas del ejército filisteo.

> *Nadie tiene amor más grande que el dar la vida por sus amigos."*
>
> – JUAN 15:13

"Jonatán trepó con pies y manos, seguido por su escudero. A los filisteos que eran derribados por Jonatán, el escudero los remataba. En ese primer encuentro, que tuvo lugar en un espacio reducido, Jonatán y su escudero mataron a unos veinte hombres." – 1 SAMUEL 14:13-14

Jonatán era claramente el heredero al trono de Israel, hasta que su padre Saúl se alejó de Dios, y el profeta Samuel fuera enviado a que ungiera a un joven pastor llamado David. La actitud del príncipe guerrero con el joven David fue desde un comienzo desprendida y casi inexplicable: "Jonatán, por su parte, entabló con David una amistad entrañable y llegó a quererlo como a sí mismo" (1 Samuel 18:1).

Desde ese momento Jonatán protegió a David y honró la elección de Dios de David como futuro rey. Advirtió a David en cuanto a las amenazas del rey Saúl, e incluso fue firme ante su padre en defensa de David. En respuesta colérica Saúl castigó a Jonatán y le remarcó la amenaza que significaba David: *"Mientras el hijo de Isaí viva en esta tierra, ¡ni tú ni tu reino estarán seguros!"* (1 Samuel 20:31). Con todo, Jonatán amó a aquel mismo que lo suplantaría como rey. *"Pero si mi padre intenta hacerte daño, y yo no te aviso para que puedas escapar, ¡que el SEÑOR me castigue sin piedad, y que esté contigo como estuvo con mi padre!"* (1 Samuel 20:13).

Después de que David huyó de Saúl y aquel reunió hombres luchadores, Jonatán se enfrentó a la amenaza del ejército de David y fue al campamento de su rival para alentarlo.

> *"Jonatán hijo de Saúl fue a ver a David en Hores, y lo animó a seguir confiando en Dios. 17 «No tengas miedo—le dijo—, que mi padre no podrá atraparte. Tú vas a ser el rey de Israel, y yo seré tu segundo.»*
> – 1 SAMUEL 23:16-17

Jonatán a la larga murió en batalla junto con su padre, el rey Saúl. Pero el amor incondicional del príncipe valiente por su amigo preservó la vida del rey David. La obediencia de Jonatán a Dios abrió el camino para un pacto entre el Señor y David, que en última instancia se cumplió en Jesús, el Mesías que fue descendiente de la casa de David.

> Se puede leer más en cuanto a Jonatán y David en 1 y 2 Samuel. La vida de Jonatán también se describe en la novela histórica *The Prince: Jonathan [El Príncipe: Jonatán]* de Francine Rivers.

DIÁLOGO

Lee Romanos 5:6-8.

PREGUNTA 5: Este pasaje provee un ejemplo excelente del amor incondicional de Jesús por nosotros. Al leer, ¿pudiste ver alguna condición que debemos cumplir a fin de que Dios nos ame? ¿Qué palabras, frases o conceptos te impactaron más en este pasaje bíblico?

_____

_____

_____

_____

_____

PREGUNTA 6: ¿De qué maneras el amor puede ser <u>condicional</u>? ¿Cuáles son algunas de las condiciones que algunos aplican para amar a su cónyuge? ¿Cuáles son las consecuencias cuando esas condiciones no se cumplen?

_____

_____

_____

_____

_____

Lee Juan 13:34-35.

PREGUNTA 7: ¿Suena el amar a otros como una sugerencia? ¿Acaso la manera como está expresado este pasaje es más fuerte que eso? ¿Cuáles palabras de estos dos versículos indican lo importante que es que amemos a nuestro cónyuge y a los que nos rodean?

_____

_____

_____

_____

_____

Lee Juan 15:9-17.

PREGUNTA 8: En el versículo 9 de este pasaje Jesús nos dice: "Permanezcan en mi amor". ¿De qué maneras podemos "permanecer en su amor"? Según tu modo de pensar, ¿de qué manera "permanecer" en el amor de Jesús nos capacita para amar a otros?

_____

_____

_____

_____

PREGUNTA 9: Según tu modo de pensar, ¿por qué Jesús nos instruye a que nos amemos los unos a los otros? Una respuesta se halla en el pasaje previo, Juan 13:35. ¿Cuáles son algunas otras razones?

_____

_____

_____

_____

PREGUNTA 10: Si amas profundamente a alguien, ¿puede ese amor "cubrir una multitud" de sus propios pecados? ¿Amar profundamente a otra persona puede ayudarle a que vea más allá de sus pecados? ¿Cómo? Da un ejemplo de tu propia vida durante la conversación

_____

_____

_____

_____

Lee 1 Pedro 4:8.

PREGUNTA 11: Si tu amas profundamente a alguien, ¿puede ese amor "cubrir una multitud" de sus propios pecados? ¿Puede el amar profundamente a otra persona hacerle que vea más allá de los pecados de ella? ¿Cómo? Diga un ejemplo de su propia vida durante la conversación.

_____

_____

_____

_____

Concluyan con oración.

APLICACIÓN PARA EL FORTALECIMIENTO MATRIMONIAL

FORTALECIMIENTO MATRIMONIAL PARA MUJERES

 Lee 1 Corintios 13:4-7.

PREGUNTA 1: Lee todo el relato del príncipe Jonatán y el rey David. También puedes leer todo o parte de 1 Samuel 13 hasta 1 Samuel 20 para ver más detalles de esa amistad. Compara la forma en que Jonatán trató a David con la definición del amor en 1 Corintios 13:4-7. ¿De qué manera se alinea Jonatán con este versículo?

_____

_____

_____

_____

_____

PREGUNTA 2: La tabla que sigue muestra la descripción del amor, según 1 Corintios 13:4-7, mencionando cada característica en la primera columna. En la segunda columna anote un ejemplo reciente de esta característica en tu propia vida. Puede ser una ocasión en la cual mostraste EN EFECTO esa característica (por ej., una ocasión en que fuiste paciente con tu esposo), o puedes mencionar una ocasión en que NO mostraste esa característica (por ej., "guardaste agravios" recordándole a tu esposo de algún pecado pasado mientras estaban en una pelea). Selecciona un ejemplo que te ayude a entender mejor lo bien que está siguiendo esta definición de amor de 1 Corintios 13.

CARACTERÍSTICA DEL AMOR	EJEMPLO RECIENTE DE MI VIDA
Paciencia	
Bondad	
No Es Envidioso	
No Es Jactancioso	

CARACTERÍSTICA DEL AMOR	EJEMPLO RECIENTE DE MI VIDA
No Es Orgulloso	
No Se Comporta Con Rudeza	
No Es Egoísta	
No Se Enoja Fácilmente	
No Guarda Rencor	
No Se Deleita En La Maldad	
Se Regocija Con La Verdad	
Protege	
Confía	
Espera	
Persevera	

RETO DE FORTALECIMIENTO MATRIMONIAL PARA LA SEMANA

El pasaje de 1 Corintios nos dice que el amor "no es egoísta". Eso es difícil, porque como seres humanos somos pecadores y tendemos a enfocar en nuestras propias necesidades. Esta semana su *Reto de Fortalecimiento Matrimonial* es a amar a su esposo de una manera no egoísta. Por toda una semana concéntrate en poner primero a tu esposo. Cada vez que tomes una decisión que afecte a tu esposo, deja a un lado tus propias necesidades y toma la decisión de lo que es mejor para tu esposo. Ora pidiendo que Dios te dé dirección y estímulo en este aspecto. Inclusive tal vez quieras hallar una manera de recordarte a ti misma este *Reto de Fortalecimiento Matrimonial*: Puedes ponerte una pulsera de color durante el día, o puedes pegar una etiqueta en algún lugar en donde la veas con frecuencia.

FORTALECIMIENTO
MATRIMONIAL PARA HOMBRES

📖 **Lee 1 Corintios 13:4-7.**

PREGUNTA 1: Lee todo el relato del príncipe Jonatán y el rey David. También puedes leer todo o parte de 1 Samuel 13 hasta 1 Samuel 20 para ver más detalles de esa amistad. Compara la forma en que Jonatán trató a David con la definición del amor en 1 Corintios 13:4-7. ¿De qué manera se alinea Jonatán con este versículo?

_____

_____

_____

_____

_____

PREGUNTA 2: La tabla que sigue muestra la descripción del amor, según 1 Corintios 13:4-7, mencionando cada característica en la primera columna. En la segunda columna anote un ejemplo reciente de esta característica en tu propia vida. Puede ser una ocasión en la cual mostraste EN EFECTO esa característica (por ej., una ocasión en que fuiste paciente con tu esposa), o puedes mencionar una ocasión en que NO mostraste esa característica (por ej., "guardaste agravios" recordándole a tu esposa de algún pecado pasado mientras estaban en una pelea). Selecciona un ejemplo que te ayude a entender mejor lo bien que está siguiendo esta definición de amor de 1 Corintios 13.

CARACTERÍSTICA DEL AMOR	EJEMPLO RECIENTE DE MI VIDA
Paciencia	
Bondad	
No Es Envidioso	
No Es Jactancioso	
No Es Orgulloso	

CARACTERÍSTICA DEL AMOR	EJEMPLO RECIENTE DE MI VIDA
No Se Comporta Con Rudeza	
No Es Egoísta	
No se enoja fácilmente	
No guarda rencor	
No Se Deleita En La Maldad	
Se Regocija Con La Verdad	
Protege	
Confía	
Espera	
Persevera	

RETO DE FORTALECIMIENTO MATRIMONIAL PARA LA SEMANA

El pasaje de 1 Corintios nos dice que el amor "no es egoísta". Eso es difícil, porque como seres humanos somos pecadores y tendemos a enfocar en nuestras propias necesidades. Esta semana su *Reto de Fortalecimiento Matrimonial* es amar a tu esposa de una manera no egoísta. Por toda una semana concéntrate en poner primero a tu esposa. Cada vez que tomes una decisión que afecte a tu esposa, deja a un lado tus propias necesidades y toma la decisión de lo que es mejor para tu esposa. Ora pidiendo que Dios te dé dirección y estímulo en este aspecto. Inclusive tal vez quieras hallar una manera de recordarte a ti misma este *Reto de Fortalecimiento Matrimonial*: Puedes ponerte una pulsera de color durante el día, o puedes pegar una etiqueta en algún lugar en donde la veas con frecuencia.

FORTALECIMIENTO MATRIMONIAL PARA PAREJAS

Empiecen su tiempo juntos con oración, pidiéndole a Dios que les dé sabiduría así como también un corazón y una mente receptivos.

Lean juntos 1 Corintios 13:4-7.

PREGUNTA 1: ¿Cuáles de estas características encuentras fácil de seguir? ¿Cuáles las más difíciles?

_____

_____

_____

_____

PREGUNTA 2: Repasen las respuestas a la pregunta 2 en la sección de *Reto de Fortalecimiento Matrimonial para Mujeres y para Hombres*. Seleccionen unas pocas de las respuestas que piensan que son las más significativas, y hablen al respecto. Si hay características que piensas que describen la forma en que tu cónyuge te trata, díselas. Por ejemplo, si tu cónyuge es muy bueno para mostrarte confianza, házle saber que eso hace que te sientas amado o amada.

_____

_____

_____

_____

PREGUNTA 3: Al final de la semana hablen de su experiencia con el *Reto de Fortalecimiento Matrimonial*. ¿De qué manera impactó eso tu relación personal esta semana?

_____

_____

_____

_____

Concluyan con oración.

NOTAS

NOTAS

NOTAS

NOTAS

NOTAS

NOTAS

RECONOCIMIENTOS

Fireproof Protege Tu Matrimonio se basa en la película FIREPROOF de Sherwood Pictures, Provident Films y Sony Pictures Home Entertainment. Quisiéramos agradecerles por su contribución a este estudio, y por toda la dedicación y arduo trabajo que invirtieron para hacer la película.

Nos gustaría particularmente reconocer al equipo de Sherwood por la visión que tienen de alcanzar para Cristo a las personas y para fortalecer y salvar matrimonios. Este estudio no habría sido posible sin su amor a Dios, su dedicación a otros y el tiempo y esfuerzo conlleva producir una pelicula inspiradora.

El plan de estudios *Fireproof Protege Tu Matrimonio* contiene conceptos texto de los estudios bíblicos escritos por Michael Catt y Stephen Kendrick. Apreciamos su inspiración y perspectiva.

También nos gustaría agradecer a:

- Joe y Elisa Rangel, y Michael y Camile Franzese por su disposición para relatar sus experiencias personales.

- Craig Trevithick por la preparación del DVD de *Fireproof Protege Tu Matrimonio*.

- Alex Rozga por diseñar el arte de *Fireproof Protege Tu Matrimonio*.

Finalmente, estamos profundamente agradecidos a Dios por hacer posible todas estas cosas, y por amarnos primero.